Valor
Julie Murray

Abdo Kids Junior es una
subdivisión de Abdo Kids
abdobooks.com

Abdo
NUESTRA PERSONALIDAD
Kids

abdobooks.com

Published by Abdo Kids, a division of ABDO, P.O. Box 398166, Minneapolis, Minnesota 55439. Copyright © 2021 by Abdo Consulting Group, Inc. International copyrights reserved in all countries. No part of this book may be reproduced in any form without written permission from the publisher. Abdo Kids Junior™ is a trademark and logo of Abdo Kids.

Printed in the United States of America, North Mankato, Minnesota.

102020
012021

Spanish Translator: Maria Puchol

Photo Credits: Alamy, iStock, Shutterstock

Production Contributors: Teddy Borth, Jennie Forsberg, Grace Hansen

Design Contributors: Christina Doffing, Candice Keimig, Dorothy Toth

Library of Congress Control Number: 2020930460

Publisher's Cataloging-in-Publication Data

Names: Murray, Julie, author.

Title: Valor/ by Julie Murray

Other title: Courage. Spanish.

Description: Minneapolis, Minnesota: Abdo Kids, 2021. | Series: Nuestra personalidad | Includes online resources and index.

Identifiers: ISBN 9781098204044 (lib.bdg.) | ISBN 9781098205027 (ebook)

Subjects: LCSH: Courage--Juvenile literature. | Bravery--Juvenile literature. | Heroism--Juvenile literature. | Ethics--Juvenile literature. | Spanish language materials--Juvenile literature.

Classification: DDC 179.6--dc23

Contenido

Valor 4

Formas de
mostrar valor 22

Glosario 23

Índice 24

Código Abdo Kids . . .24

Valor

El valor de la gente se ve por todas partes. ¿Lo puedes ver?

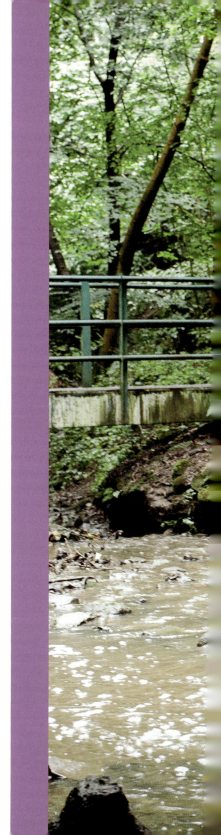

Tener valor es decir "sí".
Jon dice sí a probar un nuevo **pasatiempo**.

También es decir "no". Aly le pide a Fay que rompa las reglas. Fay dice que no.

Tener valor es hacer amigos nuevos. Matt le pregunta a Liz si quiere jugar.

También es hacer lo correcto.

Josh recoge la basura.

Es enfrentarse a un miedo.

Max sube por la cuerda.

Tener valor es ser **honesto**. Elena habla con su madre.

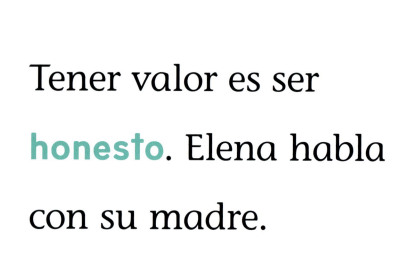

Es ayudar a los demás.

Gustavo ayuda a su vecino.

¿Cómo has demostrado tú tener valor?

Formas de mostrar valor

ayudando a los demás

diciendo la verdad

haciendo amigos nuevos

probando algo nuevo

Glosario

honesto
sincero.

pasatiempo
interés o actividad que uno hace en los ratos de ocio por gusto.

Índice

amistad 10

ayudar a los demás 18

decir no 8

decir sí 6

enfrentar miedos 14

honestidad 16

recoger basura 12

¡Visita nuestra página **abdokids.com** y usa este código para tener acceso a juegos, manualidades, videos y mucho más!
Los recursos de internet están en inglés.

Usa este código Abdo Kids

CCK8657

¡o escanea este código QR!